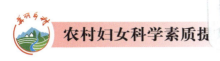

农村妇女科学素质提

U0624462

美丽乡村100问

中国农学会　组编

中国农业出版社

编 委 会

主　　编：赵方田　张　晔

副 主 编：孙　哲　冯桂真　马俊哲

编　　委（按姓氏笔画排序）：

马长路　马俊哲　王海丽　王雪梅　王超英

石进朝　史占彪　史瑞萍　冯桂真　毕　坤

孙　哲　孙茉芊　李　凌　张　晔　张　越

陈永梅　周　晖　郑志勇　赵方田　赵爱国

侯引绪　夏　飞　唐　芹　廖丹凤　缪　珊

本书编写：马俊哲　冯桂真　张　越

写给农村姐妹们的知心话……

姐妹们：

　　经过近一年的辛勤工作，"农村妇女科学素质提升行动科普丛书"就要与大家见面了。我们全体工作人员首先向你们致以最诚挚的问候！

　　"妇女能顶半边天"，但在我国乡村，勤劳勇敢的妇女们顶起的几乎是"整个天"。你们既"主内"，又"主外"；既要生产劳作，又要操持家务；既要照顾老人孩子，又要应对各类问题。看到沉重的担子压在你们瘦弱的肩上，我们真心地想要帮姐妹们一把。

　　我们知道，你们期盼家庭富裕，家乡发展，环境改善，希望用自己的力量创造美好的新生活。正是针对这一愿望，我们组织有关方面的专家精心编制了这套科普系列读本，为大家提供科学种植、健康养殖、环境保护、妇幼保健、心理健康、法律法规等方面的适用知识、科学理念和实用技术，帮助大家逐步提高科学生产、健康生活和科学发展的素质和能力，把家乡建设得更美好，让生活过得更幸福！

　　这套科普系列读本图文并茂，通俗易懂，科学简明，务实管用，希望你们能够喜欢。在编创过程中，得到了农业部科技教育司、中国科协科普部、全国妇联妇女发展部的大力支持；中华医学会、北京大学第一医院、农业部管理干部学院、北京农业职业学院、中国科学院心理研究所、中国环境科学学会等单位的有关专家也付出了辛勤的劳动，给予了真诚的帮助。值此谨致谢忱！

　　希望这套科普丛书能为提高广大农村妇女的科学文化素质略尽绵薄之力！

中国农学会

2014年3月8日

导　读

⋯⋯⋯⋯⋯⋯⋯⋯⋯⋯⋯⋯⋯⋯⋯⋯⋯⋯⋯⋯⋯⋯⋯⋯⋯⋯⋯

　　农村垃圾随意乱倒有何危害？农村改厕有啥意义？农村沼气有哪些好处？为帮助农村妇女对生态文明有更深刻的认识，共同建设美丽家园，我们编制了《美丽乡村100问》。这本小册子共分四个部分：生态家园、清洁水源、绿色田园和休闲农园，基本涵盖了美丽乡村建设的各个方面，为您解答在美丽乡村建设中遇到的主要问题。

　　在农业种植、养殖方面，提倡大力发展生态农业、循环农业，建议采用减量化、再利用、资源化的农业生产方式，加大农业生态环境保护力度；在保持乡村清洁方面，倡导推进人畜粪便、生活垃圾、污水等农村废弃物资源化和循环利用的新型农村清洁模式；在推动农村可再生能源发展方面，提出结合不同区域的气候特点和农户需求，集成推广农村沼气、省柴节煤灶、高效低排生物质炉等技术和产品；在农村可持续发展方面，提倡树立农业资源节约和农村环境友好的理念，倡导现代文明的生产和生活方式，养成爱科学、学技术、尚文明的良好风气。

　　希望这本小册子能为农村姐妹们建设自己的美好家园增添一份力量！

编　者

2014年3月8日

目录

第二章
清洁水源

第四章
休闲农园

第一章　生态家园

1. 什么是美丽乡村？

答案

"美丽乡村"是升级版的社会主义新农村。它既秉承和发展新农村建设"生产发展、生活宽裕、村容整洁、乡风文明、管理民主"的宗旨思路，又丰富和充实其内涵，集中体现尊重和把握其内在发展规律。美丽乡村更加关注生态环境资源的有效利用，更加关注人与自然和谐相处，更加关注农业发展方式转变，更加关注农业的功能多样性利用，更加关注农村的可持续发展，更加关注保护和传承农业文明。

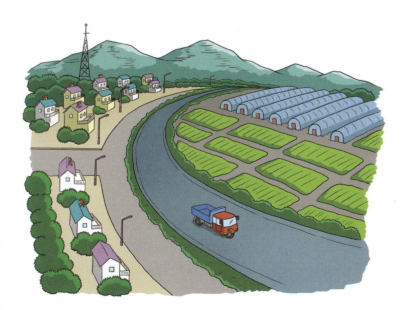

2. 什么是生态家园？它的基本内容和目标是什么？

答案

　　生态家园是指利用生态学、生态经济学等知识，从农村居民最基本的生产、生活单元内部着手，改变落后的生产、生活方式，使土地、太阳能和生物质能等资源得到更为有效的利用，形成农户基本生产、生活单元内部能量流和物质流的良性循环，与此同时达到发展农业生产，提高农民生活质量效果的新型家园。

　　生态家园建设的基本内容，是在农村以户用沼气池建设为纽带，同时根据实际需要，配套实施太阳能利用工程、省柴节煤工程和小型电源工程等，使土地、太阳能和生物质能等资源得到更有效的利用，形成农村居民家庭基本生产生活单元内部的能流和物流的良性循环。其目标是实现农村家居环境清洁化、庭院（园）经济高效化和农业生产无害化。

3. 农村生态家园有哪几种主要模式?

答案

　　农村生态家园的主要模式有三类:一是南方"猪—沼—果"能源生态模式,即以农户为基本单元,利用房前屋后的山地、水面、庭院等场地,主要建设畜禽舍、沼气池、果园等,同时使沼气池建设与畜禽舍和厕所三结合,形成养殖—沼气—种植"三位一体"的庭院经济格局;二是北方"四位一体"能源生态模式,即在农户庭院内建日光温室,在温室的一端地下建沼气池,沼气池上建猪圈和厕所,温室内种植蔬菜或水果,从而实现以太阳能为动力,以沼气为纽带,种植业与养殖业相结合;三是西北"五配套"能源生态模式,即由沼气池、厕所、太阳能暖圈、水窖、果园灌溉设施五部分配套建设而成,通过高效沼气池的纽带作用,把农村生产用肥和生活用能有机结合起来,形成以牧促沼,以沼促果,果牧结合的良性生态循环系统。

"猪—沼—果"能源生态模式

"四位一体"能源生态模式

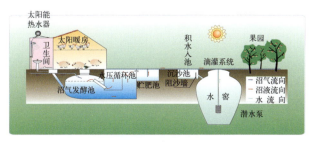

"五配套"能源生态模式

4. 农村环境污染物的主要来源有哪些?

答案

　　农村环境污染物的主要来源包括五个方面：一是人畜粪便、污水等，内含大量病原体，包括细菌、病毒、寄生虫卵等，是传播疾病的主要来源；二是居室内不正确燃煤，使室内空气含有大量二氧化碳、芳烃、一氧化碳等；三是使用农药、化肥可使环境或作物中含有高浓度的有机磷、有机氯、氨基甲酸醋等，其中有的是强毒性物质，有的难于分解，长期存留于作物和人体内；四是乡镇企业的废弃物，其种类多，有的污染十分严重，如土法

农药、化肥

居室内不正
确燃煤

乡镇企业的
废弃物

农村环境污染物的
主要来源

人畜粪便

某些地质因素

炼汞、炼金、炼硫磺、造纸、印染、电镀、制造磷肥、制造水泥等，都会产生许多有毒的废弃物，其中往往含有汞、氰化物、粉尘等有毒有害成分，污染水、空气、食物，危害人的健康；五是某些地质因素，如地下水中高浓度的氟化物、砷，高矿化度等，也会危害人的健康。

5. 农村垃圾随意乱倒有什么危害？

答案

农村垃圾随意乱倒，不仅致使环境卫生状况变差，而且那些诸如包装袋、塑料袋，还有破鞋子、农药瓶等垃圾，一经雨水冲刷，污水横流，不仅侵蚀土壤，而且污染水源，危害人类生存环境。

6. 什么是垃圾分类，哪些垃圾是可回收的？

答案

　　垃圾分类是将垃圾分门别类地投放，并通过分类清运和回收使之重新变成资源。从国内外对生活垃圾分类的方法来看，大致都是根据垃圾的成分构成、产生量，结合本地垃圾的资源利用和处理方式来进行分类。一般来说，家庭生活垃圾可分为可回收垃圾、厨余垃圾、有害垃圾和其他垃圾四类。其中废纸、塑料、玻璃、金属和布料等五大类垃圾是可回收的。

7. 农村生活垃圾无害化处理有哪些方法？

答案

农村生活垃圾无害化处理的方法主要有：一是填埋法，即将农村生活垃圾送到填埋场进行填埋，其原理是将垃圾埋入地下，通过微生物长期的分解作用，使之分解为无害化合物；二是焚烧法，即将可燃组分较高的农村生活垃圾进行科学合理的焚烧，使之在高温火焰的作用下，被转化为残渣和 CO_2、SO_2 等气体，经济有效地实现农村生活垃圾减量化和无害化处理；三是堆肥法，即将易腐有机质含量较高的生活垃圾进行集中堆放和发酵，使其成为有机肥，以实现无害化和资源化的方法。

填埋法

焚烧法

堆肥法

8. 家里使用完的废旧电池、灯管和体温表应该如何处理？

答案

废旧电池的危害主要集中在其所含的少量重金属上，如铅、汞、镉等。这些有毒物质通过各种途径进入人体内，长期积蓄难以排除，损害神经系统、造血功能和骨骼，甚至可以致癌。家里使用完的废旧电池不可随意丢弃，可以采取集中起来投放到废旧电池回收点进行安全处理。

废旧灯管、体温表含汞，随意丢弃对环境的污染极大。因此不能随意丢弃，而应集中起来交由有关部门进行无害化处理。

9. 农村改厕有哪些好处？

答案

　　农村改厕的好处主要有：一是可以预防传染病和寄生虫病，保障广大农民的身体健康；二是可减少氨氮的挥发，而且粪便经发酵处理可提高肥效，提高农作物的产量；三是可避免粪便的污染，能有效改善农村居民生产生活环境。

改厕前

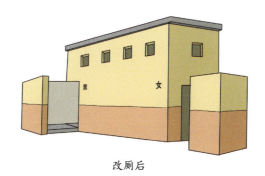

改厕后

10. 什么是无害化卫生厕所，对其都有什么要求？

答案

　　为了灭活粪便中的寄生虫卵及致病微生物，把卫生厕所的粪池建成三格化、双瓮等形式，或与沼气池联通，使粪便得到处理。这种与粪便无害化处理池相结合的厕所叫无害化卫生厕所。通常情况下，厕所由便器、粪池和厕屋（卫生间）三者构成。无害化卫生厕所要求有墙、有顶，贮粪池不渗、不漏、密闭有盖，厕所清洁、无蝇蛆、基本无臭，粪便必须按规定清出。

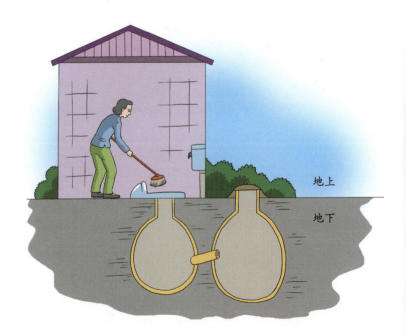

地上

地下

11. 为什么说"人畜分离"有利于清洁，有利于健康?

答案

　　"人畜分离"是指人的居住区域要与牲畜家禽的养殖区域隔开一段距离，以避免因人畜混杂造成畜禽粪便污染水源与空气、滋生蚊蝇传染疾病，以及交叉感染等，使人患病。因此说，"人畜分离"有利于清洁，有利于健康。

12. 人畜粪便无害化处理有哪些方法？

答案

　　人畜粪便无害化处理方法主要有：一是自然堆放发酵法，即将人畜粪便自然堆放在露天广场上，使其自然发酵；二是太阳能大棚发酵法，即将人畜粪便置于塑料大棚内，利用太阳能加快发酵速度；三是高温快速干燥法，即使灭菌、干燥一次完成，以提高生产效率，并实现工业化生产；四是综合技术法，即综合采用各种技术，既使废物减量化、无害化，又利用了其中的资源，主要包括好氧堆肥、厌氧发酵与好氧发酵等。

自然堆放发酵法

太阳能大棚发酵法

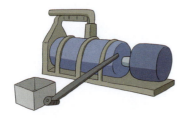

高温快速干燥法

综合技术法

13. 什么是农村清洁能源？

答案

农村清洁能源是指农村运用生态学的原理，因地制宜地开发利用作物秸秆、人畜粪便、生活污水、垃圾等废弃物，以及利用太阳能、风能、水力等自然能源，解决农民生产生活中需求的能源。

太阳能

沼气池

风 能

水 力

14. 什么是沼气技术？

答案

　　沼气技术是利用人及畜禽粪便、秸秆等农业有机废弃物在沼气池内厌氧发酵产生沼气的技术。其沼气可以用来照明、做饭，沼液、沼渣用来作为生产无公害农产品的优质肥料。

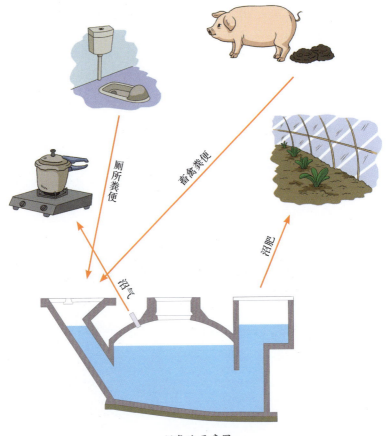

沼气池示意图

15. 发展农村沼气有哪些好处？

答案

　　发展农村沼气的好处，概括起来主要有以下几个方面：一是可以解决农村家庭燃料；二是可以增加优质肥料；三是有利于节省砍柴等的劳动力和买柴、买煤等的资金；四是有利于改善农村的环境卫生，使农村居民从烟熏火燎的传统炊事方式和粪污污染中解脱出来；五是有利于减少砍柴割草保护林草资源和为国家节约煤炭、电力、石油等能源资源消耗。

16. 农村常见的沼气发酵原料有哪些？

答案

　　农村可以用来作为沼气发酵的原料有很多，最常用的有人及畜禽粪便，各种作物秸秆、青杂草、烂叶草、水葫芦、有机废渣与废水（酒糟、制豆腐的废渣水、屠宰场废水）等。

17. 安全使用沼气应该注意哪些问题？

答案

　　为了正确使用沼气，避免发生不安全的事故，应该注意以下几个问题：一是禁止在沼气池的导气管、进料口和出料口处点明火试气，以免引起回火，炸坏池子；二是发现室内有臭鸡蛋味或大蒜味时禁止点明火，必须及时开窗通风，并查找漏气管路，维修好方可使用；三是每次使用沼气后，都要检查开关是否已经关闭；四是要经常检查输气管道和开关、三通等，查看有无漏气现象，如果管道破裂漏气要及时更换修理；五是禁止将易燃、易爆物品堆放在沼气用具附近；六是禁止小孩在沼气池附近玩耍，以免引起火灾、烧伤等事故。

勿将有毒物质和洗涤用品投入池内！

用气必须注意安全！

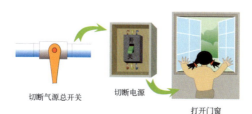

切断气源总开关　　切断电源

打开门窗

输气管道漏气怎么办？

18. 沼渣、沼液的主要用途有哪些？

答案

　　沼液是有机物质经发酵后形成的褐色明亮的液体，含有各类氨基酸、维生素、蛋白质、生长素、糖类、核酸及抗生素等。沼液主要用于浸种、叶面喷肥、拌营养土及保花保果剂、无土栽培母液、种养花卉等。

　　沼渣是有机物质发酵后剩余的固形物质，沼渣富含有机质、腐殖酸、微量营养元素、多种氨基酸、酶类和有益微生物等，能起到很好的改良土壤的作用。沼渣还含有氮、磷、钾等元素，能满足作物生长的需要。沼渣在综合利用过程中，具有速效、迟效两种功能，可作基肥和追肥。

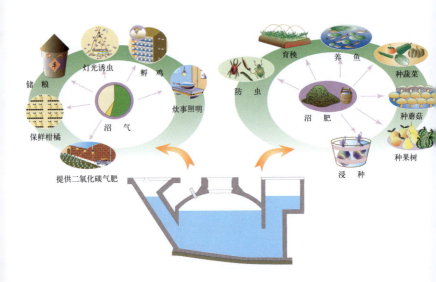

19. 沼液、沼渣使用中的"五忌"是指什么?

答案

　　沼液、沼渣使用中的"五忌"是指:一忌出池后马上施用。因为沼肥(沼液、沼渣)的还原性较强,如将刚出池的沼肥立即施用,它会与作物争夺土壤中的氧气,影响种子发芽和根系发育,导致作物叶片发黄、凋萎。因此,沼肥出池后,应先在储粪池中堆沤5～7天再施用。二忌不兑水直接施用。如不兑水直接施在作物上,尤其是用来追施幼苗,会使作物出现灼伤现象。沼液作追肥时,要先兑水,一般兑水量为沼液的一半。三忌表土撒施。沼肥施于旱地作物宜采用沟施、穴施,然后盖土,或在灌溉时顺水均匀施入田面。四忌与草木灰、石灰等碱性肥料混施。草木灰、石灰等与沼肥混合会造成氮的损失,降低肥效。五忌过量使用。使用沼肥的量不宜太多,一般要比施用普通猪粪少,否则,会导致作物徒长而减产。

一忌出池后马上施用

二忌不兑水直接施用

不能过量使用

三忌表土撒施

不能混用　草木灰

四忌与草木灰、石灰等碱性肥料混施

五忌过量使用

20. 农村如何利用太阳能？

答案

　　农村地区推广的太阳能利用方式主要有太阳能热水器、太阳能灶及太阳能发电等。

　　（1）太阳能热水器，即利用太阳辐射能，通过温室效应把水加热的装置，它由集热器、储热水箱、循环水泵、管道、支架、控制系统及相关附件组成。集热器是吸收太阳辐射能并向工质（水）传递热量的装置，是热水器的核心部件。

太阳能热水器

　　（2）太阳能灶，即利用太阳辐射能，通过聚光、传热、储热等方式获取热量进行炊事的一种装置。太阳能灶常用的集热方法，一种是采用热箱装置，另一种是采用聚光装置，所以太阳能灶也有箱式灶和聚光灶两种。

太阳能灶

　　（3）太阳能发电。一种是利用半导体光伏效应而制成的太阳能电池来发电，另一种是太阳能热发电。

太阳能发电

21. 太阳能热水器的工作原理是什么?

答案

　　太阳能热水器是利用热水轻、冷水重的物理现象,在真空管中的水与水箱中的水进行交换,以加热冷水提供给人们使用的节能设备。系统主要部件有:

　　(1)集热器。功能相当于电热水器中的电热管。

　　(2)保温水箱。储存热水的容器。

　　(3)连接管道。将热水从集热器输送到保温水箱,将冷水从保温水箱输送到集热器的通道,使整套系统形成一个闭合的环路。设计合理、连接正确的循环管道,对太阳能系统是否能达到最佳工作状态至关重要。热水管道必须作保温处理。

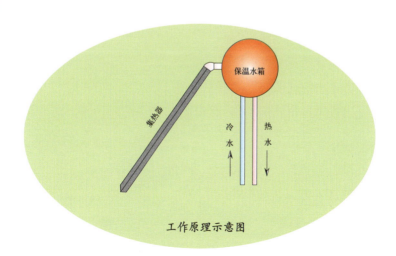

工作原理示意图

22. 什么样的房屋适合安装太阳能热水器？

答案

　　应该说太阳能热水器适用一切住房。但由于楼房外观、对水的利用、太阳能热水器的品种等条件的限制，使得太阳能热水器与环境有一定的关系。当前最适宜安装太阳能热水器的房屋建筑有：单门独院的住宅、小楼；多层住宅楼的最高层、次高层，平顶屋与坡顶屋均可。其他楼层也可以使用太阳能热水器，但有所区别：向阳较好可使用阳台用太阳能热水器或太阳能空气源热水器；较低层的用户可使用具有排空功能和热水循环功能的太阳能热水器或太阳能空气源热水器。

23. 什么是太阳房？

答案

太阳房是利用太阳能采暖和降温的房子。最简便的一种太阳房是被动式太阳房，建造容易，不需要安装特殊的动力设备；比较复杂一点，使用方便舒适的另一种太阳房是主动式太阳房；更为高级的一种太阳房是空调制冷式太阳房。

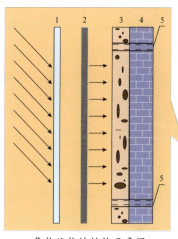

集热蓄热墙结构示意图
1. 透光外罩
2. 吸热板
3. 保温墙
4. 墙体
5. 循环风口

窗下空气积热器

24. 被动式太阳房与普通住房有什么差异？

答案

据测算，被动式太阳房的工程造价比普通住房高10%～15%。但是，与普通住房相比，被动式太阳房的优势是：一是冬暖夏凉。冬季，在无辅助热源的情况下，被动式太阳房比普通住房室内温度高5～8℃；夏季，被动式太阳房比普通住房室内温度低3～5℃。二是节能效果好。据测算，同为100平方米的被动式太阳房和普通住房，在室内温度相同的情况下，被动式太阳房每年可节约薪柴1.5吨左右；在烧柴量相同的情况下，被动式太阳房比普通住房室内温度高5～8℃。

25. 什么是节能炕？

答案

　　节能炕是指遵循燃料燃烧、烟气流动和热量传递三种现象的自然规律，将旧式炕进行改进，使之结构合理并系统匹配，以减少燃料浪费和环境污染，并有效提高热效率的新型炕。根据与地面接触的形式，分为落地节能炕和架空节能炕。落地节能炕是目前使用较多的一种炕，与地面接触部位以干土充填，在其上面用砖或土坯筑砌炕洞；架空节能炕是随着农村生活条件的改善，包括卫生和建筑要求，近年来出现的一种非落地式炕型。目前推广的新型"高效预制组装架空炕连灶"，不仅热效率高，而且外形美观，坚固耐用，同时达到了规格化、系列化，实现了工厂化生产、商品化经营，被誉为农民家中的"席梦思"。

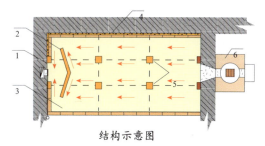

结构示意图

1.炕梢烟插板　2.炕梢阻烟墙　3.炕墙
4.炕内保温墙　5.炕内支柱砖　6.省柴节煤灶

26. 什么是省柴灶？

答案

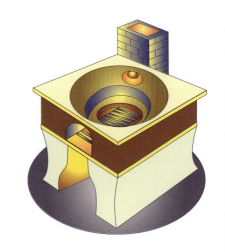

　　省柴灶是根据薪柴燃烧和热量传递的科学原理，将旧式柴灶的炉膛、锅壁与灶膛之间的相对距离及吊火高度、烟道和通风等设施进行改造，并增设保温措施和余热利用装置等新型柴灶。其结构更合理，燃料燃烧更完全，热效率可达20%以上。其特点是省燃料、省时间，使用方便，安全卫生。

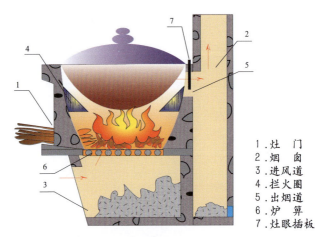

1. 灶　门
2. 烟　囱
3. 进风道
4. 拦火圈
5. 出烟道
6. 炉　算
7. 灶眼插板

结构示意图

27. 使用省柴灶有哪些好处？

答案

　　使用省柴灶的好处：一是节约燃料。省柴灶的热效率比旧式炉灶提高了1倍多，可以节省大量的秸秆、薪柴等燃料。二是节约时间。由于省柴灶供热的强度大，可以节约炊事的时间。三是方便卫生。使用省柴灶，改善了厨房的卫生条件，避免了烟熏火燎之苦，提高了生活质量。

第二章　清洁水源

28. 农村饮水安全的标准是什么？

答案

　　根据水利部和卫生部颁布的《农村饮水安全卫生评价指标体系》，将农村饮用水分为安全和基本安全两个档次，按照水质、水量、方便程度和保证率四项指标进行评价。四项指标中只要有一项指标低于安全或基本安全最低值，就不能定为饮水安全或基本安全。在水质方面，符合国家《生活饮用水卫生标准》要求的为安全，符合《农村实施〈生活饮用水卫生标准〉准则》要求的为基本安全；在水量方面，每人每天可获得的水量不低于40～60升为安全；不低于20～40升为基本安全；在方便程度方面，人力取水往返时间不超过10分钟为安全，取水往返时间不超过20分钟为基本安全；在保证率方面，供水保证率不低于95%为安全，不低于90%为基本安全。

农村饮用水安全评价指标

等级	水 质	水 量	方便程度	保证率
安全	达到国家《生活饮用水卫生标准》要求	不低于40～60升/天	供水到户或人力取水往返时间不超过10分钟	不低于95%
基本安全	达到《农村实施〈生活饮用水卫生标准〉准则》要求	不低于20～40升/天	人力取水往返时间不超过20分钟	不低于90%

29. 乡村水源污染对人体健康有什么危害？

答案

　　当饮用水受到有毒、有害化学物质或致病微生物的污染，可引起水的感官性状异常，并可引发介水传染病和地方病。如病原微生物通过粪便污染水源，可引发肝炎、痢疾、伤寒、肠炎、腹泻、包虫病、血吸虫病、钩端螺旋体病、病毒性结膜炎等；水体富营养化藻毒素超标，可引发肝癌；氟超标，如高于2.0毫克/升时产生氟斑牙，高于4～6毫克/升引起氟中毒；砷超标，主要引发皮肤或循环系统问题，长期摄入可引发癌变；锰超标，主要为慢性中毒，可损害中枢神经、生殖和免疫系统；硝酸盐超标，则在人体内易合成亚硝胺，是致癌物质；总硬度超标，如高硬度水可引起胃肠功能紊乱等。

30. 如何选择农村饮用水源？

答案

　　选择农村地区饮用水源：首要的是选择符合饮水卫生标准的稳定水源。在水源选择上应优先考虑地下水、泉水，其次为地表水（河水、水库水等）。因地表水输水距离长、投资高，并且在枯水季节引水无保证。在选择水源时还特别要注意尽量选择符合饮水卫生标准的水。否则就要经过理化处理，这样就要增加处理设备，增加投资，同时给管理增加了难度。无论选择哪种水源，一定要做好水源方案的比选工作，即从水源的水量、水质、用水保证率、取用的难易程度、工程投资等方面进行比较，最终选择一个较优的水源。此外，要充分考虑水源卫生防护措施，根据所选择的水源类型确定卫生防护带，建立水源防护管理制度并采取水质监测措施。

31. 农村常见的水源污染情形有几种?

答案

水源污染主要有两种形式:一是自然污染,即因地质的溶解作用,如降水对大气的淋洗、对地面的冲刷,挟带各种污染物流入水体而形成;二是人为的污染,即工业废水、生活污水、农药化肥等对水体的污染。如农村小型化工厂、造纸厂的工业废水,人畜粪便、养殖场粪污,农膜和废塑料的白色污染,以及硝酸盐、有机磷、有机氯等农药、化肥对水体造成的污染。

自然污染

人为的污染

32. 为什么死禽死畜不能扔到河里？

答案

死禽死畜扔进河里，难免污染河水，不但沿河居民不能饮水、洗涤，而且还会给下游居民健康造成严重影响。因此，死禽死畜不能扔到河里，应该焚烧或深埋。

33. 生活垃圾对水源有什么危害？

答案

　　农村生活垃圾可随降雨进入河流湖泊，或被风刮进水体，从而将有毒有害物质带入水中，危害水中生物，污染人类饮用水水源，危害人体健康。农村生活垃圾中含有某些持续性有机物，其在环境中难以降解，当进入水体或渗入土壤中，将会严重影响当代人和后代人的健康，对生态环境也会造成长期的不可低估的影响。农村生活垃圾堆积产生的渗滤液危害更大，它可进入土壤使地下水受到污染。

34. 农药瓶和化肥袋为什么不能扔到水源中？

答案

　　农药瓶和化肥包装袋随意丢弃到水源中，就会使附着在其上的有毒有害物质进入水体，使人饮用后受到危害。因此，使用完的农药瓶和化肥袋不能扔到水源中，应按规定进行收集和处理。

35. 家用洗涤剂会对水造成污染吗？

答案

　　洗涤剂大多是人工合成的有机化合物，如洗衣粉、洗涤灵等。合成洗涤剂是水体的主要污染物之一，尤其是阴离子洗涤剂污染最普遍。洗涤剂中的助洗剂如三聚磷酸钠等可使水体富营养化，致使水体中藻类繁殖旺盛，造成鱼类及其他水生生物缺氧死亡，直至水质变坏甚至变质发臭。此外，用含阴离子洗涤剂的污水灌溉农田，可使土壤污染，抑制土壤微生物对土壤的自净作用。

36. 农村生活污水有哪些处理方法？

答案

（1）人工湿地处理系统。人工湿地是人为创造的一个适宜水生植物或湿生植物生长的、根据自然湿地模拟的人工生态系统，它是由基质、微生物和植物按照一定方式配置而成，通

人工湿地

过机制过滤、吸附、沉淀、离子交换、植物吸收和微生物分解来实现对污水的高效净化。

（2）生态塘处理系统。生态塘是以太阳能为初始能源，通过在塘中种植水生作物，进行水产和水禽养殖，形成的人工生态系统。在太阳能的推动下，通过生态塘中多条食物链的物质转移、转化和能量的逐级传递、转化，将入塘污水中的有机污染物进行降解和转化，最后不仅去除污染物，而且以水生作物、水产的形式作为资源回收，净化的污水也作为再生水资源予以回收再用，使污水处理与利用结合起来。

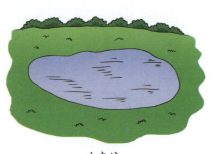

生态塘

37. 为什么水源地附近不能开矿及从事工程建设？

答案

　　水源地附近如果开矿及从事工程建设，对水源地的影响较大。一是破坏植被。不仅开挖之处毁去大面积的植被，而且堆弃的废石、废料造成的破坏更大。二是扩大了水土流失面积，造成经常性的山体塌落，形成泥石流隐患。三是污染水源水质。由于施工，使工棚和生活区靠近水源区，生活污水、垃圾容易对水质产生影响。四是容易造成长期的生态破坏，特别是水电站，由于拦河截流，使一些水生保护动物无法洄游。

38. 农村常见的水葫芦对水源会有影响吗？

　　水葫芦虽可从生活废水中吸纳有机污染物，也能从工业废水中吸纳重金属、稀土元素等，甚至农田中的农药污染物都能被吸纳，但由于它对其生长的水面采取了野蛮的"封锁策略"，挡住阳光，致使水下植物得不到足够光照而死亡，破坏水下动物的食物链，最终可导致水生动物的死亡。不仅如此，水葫芦还有富集重金属的能力，水葫芦死后其腐烂体沉入水底，会造成水质重金属含量增加，对底栖生物造成杀伤。因此，农村常见的水葫芦对水源还是有影响的。

39. 受污染的水为何不能用来灌溉农作物？

答案

　　如果用受污染的水灌溉农作物，将直接影响农作物的生长发育，使之产量下降或品质变劣。如酚类化合物会损伤细胞质膜，影响水分和矿质的代谢，叶色变黄，根系变褐、腐烂，植株生长受抑制；氰化物可影响呼吸作用，抑制多种含金属酶的活性，植株矮小，根须稀少，甚至停止生长，枯干死亡；汞可使光合作用强度下降，叶片发黄，根系发育不良；铬可使根系生长受阻，叶片褪绿枯萎，高浓度铬还能间接影响植株对钙、镁、钾、磷等营养元素的吸收。此外，一些成分造成的残留，还会影响人体健康。

受污染的水

40. 什么是农民用水户协会？协会都有哪些权利和义务？

答案

　　农民用水户协会是以某一灌溉区域为范围，由农民自愿组织起来的自我管理、自我服务的农村专业灌溉管理组织，是属于具有法人资格，实行自主经营、独立核算、非营利的民间社团组织。简单地说，农民用水户协会就是农民自己的组织，由农民自己管理，为自己服务。

　　用水户协会有管理和使用协会渠系范围内水利工程的权利，也有自主安排灌溉用水的调度权、工程维护与改造的决策权、灌区规划与建设的参与权等权利。同时，用水户协会也有保证水利设施完好和按国家规定缴纳水费的义务。用水户协会应该与供水单位密切合作，共同完成本区域内的灌溉任务。

41. 用水户协会会员有哪些权利和义务？

答案

　　用水户协会会员的基本权利有：使用协会提供的灌溉用水；参加本用水小组会议，具有选举和被选举权；向用水小组或协会反映意见和要求，监督执委会的工作。用水户协会会员的主要义务有：按灌溉用水量或灌溉面积缴纳水费；执行协会决议、遵守协会各项规章制度；保护协会灌溉设施，根据协会决议或国家规定，参加灌溉设施维修和建设等。

42. 什么是水源涵养林？

答案

　　水源涵养林是指以调节、改善水源流量和水质的一种防护林，也称水源林。其对于调节径流，防止水、旱灾害，合理开发、利用水资源具有重要意义。

43. 水源涵养林都有哪些功能？

答案

　　水源涵养林的功能：一是具有水土保持功能，即可调节坡面径流，削减河川汛期径流量；二是滞洪和蓄洪功能，即可减少径流泥沙含量，防止水库、湖泊淤积；三是枯水期的水源调节功能，即可调节地下径流，增加河川枯水期径流量；四是改善和净化水质的功能，即能有效地防止水资源的物理、化学和生物污染，减少进入水体的泥沙；五是调节气候的功能，即通过光合作

用可吸收二氧化碳，释放氧气，同时吸收有害气体及滞尘，起到清洁空气的作用，对降水也有一定的影响；六是保护野生动物的功能，即能够给生物种群创造生活和繁衍的条件，使种类繁多的野生动物得以生存。

44. 毁林开荒、放火烧山对水源有什么影响?

答案

　　水源区的毁林开荒、放火烧山会造成其周边生态环境的破坏，以及发生严重的水土流失，进而会影响到水源区以至更大范围的气候变化，并使山上的泥土随着雨水特别是洪水流入水源地而污染水源。

第三章　绿色田园

45. 什么是资源节约型农业？

答案

　　资源节约型农业是以节地、节水为中心的集约化农业生产体系和模式，包括发展多熟制种植，提倡立体多层次农业，采取先进的灌溉制度与灌溉技术及科学的施肥制度等。

46. 什么是环境友好型农业？

答案

　　环境友好型农业是以循环农业为中心的清洁农业生产体系和模式，包括减量使用农药、化肥和地膜，改进种植养殖技术，发展农业生态工程、健康养殖工程、废弃物循环再利用工程，以实现农业生产无害化和农业废弃物的资源化。

47. 什么是循环农业？

答案

　　循环农业，就是采用循环生产模式的农业。按照专业的说法，循环农业是一种以资源的高效利用和循环利用为核心，以"减量化、再利用、资源化"为原则，以低消耗、低排放、高效率为基本特征的农业发展模式。

48. 常见的农业生产废弃物有哪些？

答案

农业废弃物是指在整个农业生产过程中被丢弃的有机类物质，主要包括种植业的作物生产过程中的植物残余类废弃物，畜牧养殖业生产过程中产生的动物废弃物，农产品加工过程中产生的加工类废弃物和农村生活垃圾等。按其成分，主要包括植物纤维性废弃物（如农作物秸秆、谷壳、果壳及蔗渣等）和畜禽粪便两大类。目前，农业废弃物的数量不断增多，大多数没有被作为资源利用，随意丢弃或者排放，对生态环境造成严重的污染。

这些都是宝贝！

49. 如何处理与利用农业生产废弃物？

答案

农业生产废弃物的处理与利用应当遵循减量化、资源化、无害化原则。

（1）农业秸秆可制取沼气和成为农用有机肥料，也可作为饲养牲畜的粗饲料和栏圈铺垫料。

（2）将禽畜粪便和栏圈铺垫物，混掺切碎的秸秆作高温堆肥，经过短期发酵，可大量杀灭禽畜粪便中的致病菌、寄生虫卵，各种秸秆中隐藏的植物害虫以及各种杂草种子等，然后再投入沼气池，进行发酵，产生沼气。

（3）也可以把农业秸秆、禽畜粪便及其铺垫物作为蚯蚓食料，推广蚯蚓人工养殖。

人工养殖蚯蚓

50. 秸秆有什么特点，日常在农村有什么用处？

答案

　　秸秆是成熟农作物茎叶（穗）部分的总称。通常指小麦、水稻、玉米、薯类、油料、棉花、甘蔗和其他农作物在收获籽实后的剩余部分。农作物光合作用的产物有一半以上存在于秸秆中，秸秆富含氮、磷、钾、钙、镁和有机质等，是一种具有多用途的可再生的生物资源。秸秆可用作有机肥料还田，也可用作栽培食用菌基料及工业原料。秸秆还是一种粗饲料，其特点是粗纤维含量高，并含有木质素等。木质素虽不能为猪、鸡所利用，但却能被牛、羊等牲畜吸收和利用。

菌 料

燃 料

秸秆的主要用途

饲 料

肥 料

51. 焚烧秸秆有哪些危害？

答案

焚烧秸秆的危害之一：污染大气环境，危害人体健康。焚烧秸秆时，大气中二氧化硫、二氧化氮、可吸入颗粒物三项污染指数达到高峰值。通常，当可吸入颗粒物浓度达到一定程度时，对人的眼

睛、鼻子和咽喉有黏膜的部位刺激较大，轻则造成咳嗽、胸闷、流泪，严重时可能导致支气管炎发生。

危害之二：引发火灾，威胁群众的生命财产安全。

危害之三：引发交通事故，影响道路交通和航空安全。焚烧秸秆形成的烟雾，造成空气能见度下降，可见范围减小，容易引发交通事故。

危害之四：破坏土壤结构，造成耕地质量下降。焚烧秸秆使地面温度急剧升高，能直接烧死、烫死土壤中的有益微生物，影响作物对土壤养分的充分利用，直接影响农田作物的产量和质量，影响农业收益。

52. 秸秆还田有什么好处？

答案

秸秆还田，一会增加农田土壤养分，减少化肥用量；二会提高农田土壤有机质含量；三会改善农田土壤的理化性状和质地；四会提高作物产量和品质；五会降低秸秆焚烧引起的空气污染。

53. 我国主要农区秸秆还田的模式有哪些？

答案

我国主要农区具代表性的秸秆还田模式有如下几种：

一是东北农区的秸秆还田模式。东北农区（主要包括辽宁、吉林、黑龙江及内蒙古部分地区）纬度较高，种植制度多为一年一熟制，主要作物为小麦、玉米、大豆和水稻，主要有：

（1）玉米、小麦、大豆秸秆粉碎翻压还田；

（2）秸秆堆沤还田；

（3）水稻留高茬还田。

二是华北农区的秸秆还田模式。主要包括北京、天津、河北、河南、山东、山西及内蒙古大部等，范围较大，大部分地区都是小麦、玉米一年两熟制，只有北部山区及内蒙古、河北的部

分地区为一年一熟制，大多种植一季玉米或小麦，主要有：

（1）小麦留高茬免耕覆盖还田；

（2）麦秸覆盖还田；

（3）玉米秸秆粉碎翻压还田；

（4）玉米秸秆整株翻压还田；

（5）玉米秸秆覆盖还田。

三是西北农区的秸秆还田模式。主要包括陕西、甘肃、青海、宁夏、新疆等地，属低温、干旱、少雨地区，主要作物为小麦、玉米、棉花等，种植制度为一年一熟制，主要有：

（1）水稻、小麦留高茬还田；

（2）棉花秆粉碎还田。

四是长江中下游农区的秸秆还田模式。主要包括湖北、湖南、江西、江苏、安徽、浙江等。气候温暖、湿润，主要作物为水稻、小麦、玉米、棉花、油菜，种植制度多为一年两熟制，如小麦—水稻，小麦—棉花，小麦—玉米；部分地区有一年三熟制，如稻—稻—油（菜），还田秸秆主要是稻草、麦秆、玉米秸秆和油菜秆等。其模式有：

（1）秸秆覆盖小麦、棉花等作物；

（2）水田秸秆还田，又分为翻压还田（一般用早稻草原位直接还田，也可用前茬作物的秸秆如麦秸、油菜秸等）和免耕还田（即稻草免耕整草还田）两种。

五是西南农区的秸秆还田模式。主要包括重庆市及四川、云南、贵州等省，气候温暖湿润，种植制度为一年两熟制，如稻—稻，麦—稻，稻—油（菜），玉米—小麦，少部分地区有一年三熟制，如小麦—玉米—红苕等。还田作物秸秆主要是麦秆、稻草、玉米秆和油菜秆，在旱坡地上多采用覆盖还田，水田多采用翻压还田。 主要模式有：

（1）冬水田稻草还田；

（2）麦田免耕稻草覆盖还田；

（3）油菜田免耕稻草覆盖还田。

六是南方农区秸秆还田模式。主要包括海南、广东、广西、福建等省、自治区，雨量充足，温度较高，水热条件好，全年适宜农作物生长，种植制度为一年两熟，早晚稻连作，或一年三熟，如稻—稻—麦，稻—稻—绿，稻—稻—菜等。模式有：

（1）稻草覆盖甘薯、马铃薯、冬大蒜等旱作物；

（2）稻草直接翻压还田。

54. 什么是秸秆生物反应堆技术？

答案

秸秆生物反应堆技术的核心内容是秸秆资源的高效肥料化利用，核心技术是在生物菌剂作用下的秸秆快速腐熟技术。其技术原理是：农作物吸收二氧化碳和水，通过光合作用生成秸秆等生物质；秸秆通过加入微生物菌种、催化剂和净化剂，在通氧（空气）条件下，被重新分解为二氧化碳、有机质、矿物质、非金属物质，并产生一定的热量和大量的抗病虫的菌孢子，继之通过一定的农艺设施把这些生成物提供给农作物，可有效改善土壤结构和土壤墒情，减少病虫为害，促使农作物更好地生长发育。秸秆生物反应堆技术的应用方式可分为内置式、外置式和内外置结合式三种基本方式。

55. 内置式秸秆生物反应堆有哪些技术要点？

答案

内置式秸秆生物反应堆是指把反应堆置于土壤中，在生物菌种的作用下，通过好氧发酵，为农作物提供各种营养物质和热量等。其技术要点：一是科学处理菌种；二是标准化建造和应用。为了接种均匀，菌种在使用前必须进行预处理。方法是：按1千克菌种掺20千克麦麸、18千克水的比例，先把菌种和麦麸拌匀，再加水拌匀，堆积4～5小时就可使用。如当天用不完，应堆放于室内或阴凉处，降温防热，第二天继续使用。一般存放时间不宜超过3天。内置式反应堆操作时要切实做到"三足、一露、三不宜"。"三足"是指秸秆用量足，菌种用量足，第一次浇水足；"一露"是指内置沟两端秸秆要露出茬头；"三不宜"是指开沟不宜过深，覆土不宜过厚，打孔不宜过晚。菌种用量按每吨秸秆1千克菌种的标准测算。不同内置式反应堆每亩菌种用量为：行下内置式和行间内置式6~8千克，穴中内置式和追加内置式4~5千克。

56. 外置式秸秆生物反应堆有哪些技术要点？

答案

外置式秸秆生物反应堆是指把反应堆建于地表，通过气、液、渣的综合应用实现其增产作用。由三部分组成：

（1）反应系统，包括秸秆、菌种、盖膜、氧气、隔离层等；

（2）贮存系统，包括贮气池、贮液池等；

（3）交换系统，包括输气道、交换机底座、交换机、输气带、进气孔等。

技术要点：一是贮气池建造；二是菌种预处理；三是启动；四是"三用"，即综合利用反应堆的气、液、渣；五是"三补"，即及时向反应堆补气、补水、补料（包括秸秆和菌种）。菌种预处理与内置式完全相同。

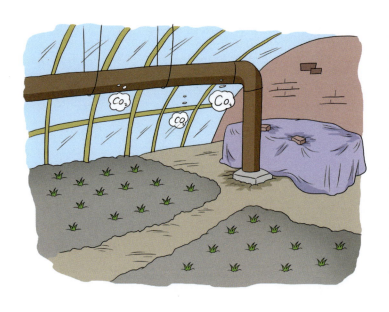

57. 什么是秸秆堆沤还田？

根据含水量的多少，秸秆堆沤还田可分为两大类：一是沤肥还田。如果水分较多，物料在淹水（或污泥、污水）条件下发酵，就是沤肥的过程。沤肥是嫌气性常温发酵，在全国各地尤其是南方较为普遍。秸秆沤肥制作简便，选址要求不严，田边地头、房前屋后均可沤制。但沤肥肥水流失、渗漏严重，在雨季更是如此，容易对水体和周边环境造成污染。同时，由于沤肥水分含量多，又比较污浊，用其作腐熟有机肥料使用较为不便。二是堆肥还田。把秸秆堆放在地表或坑池中，并保持适量的水分，经过一定时间的堆积发酵生成腐熟的有机肥料，这个过程就是堆肥。秸秆堆沤，伴随有机物的分解会释放大量的热量，沤堆温度升高，一般可达60～70℃。秸秆腐熟矿化，释放出的营养成分可满足作物生长的需要。同时，高温将杀灭各种对作物生长有害的寄生虫卵、病原菌、害虫以及杂草种子等。秸秆堆沤发酵也有利于降解消除对作物有毒害作用的有机酸类、多酚类以及对植物生长有抑制作用的物质等，保障了有机腐熟肥的使用安全。

58. 如何将秸秆饲料化？

答案

　　将秸秆饲料化的技术主要有：一是秸秆微贮技术，即将秸秆发酵活干菌加入到秸秆中，密封贮藏，经过发酵，增加秸秆的酸香味，变成草食牲畜喜欢食用的主饲料。二是秸秆青贮技术，即将青绿秸秆切成长度为1～3厘米的碎块后，放入窖中，当装至20～25厘米厚时，人工踏实，以此类推，直至装满，然后严密封顶。操作过程中切碎长度要严格一致，踏实不留空隙，封顶应无渗漏现象，一般经过50～60天便可饲喂。三是秸秆氨化技术，即利用氨的水溶液对秸秆进行处理，就是预先将含水量在35%～40%的秸秆切成2厘米左右，均匀地喷洒氨水或尿素溶液，然后用无毒塑料膜盖严实。经过氨化处理的秸秆，结构松散，变得柔软，易于消化吸收，饲料粗蛋白增加。

1.切碎处理

2.水分调配

秸秆微贮技术

3.压实入窖

4.密封发酵

1.切碎处理

2.分层窖填

秸秆青贮技术

3.填满压实

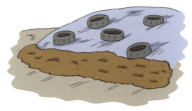

4.密封发酵

59. 什么是测土配方施肥？

答案

　　测土配方施肥就是用测土配方施肥仪检测某一地块土壤的养分含量情况，并根据这片地现有的养分含量基础，对某一具体农作物及其目标产量、某一具体化肥品种的成分含量及化肥的利用率，利用仪器的内置测土配方程序进行计算，进而计算出所测土壤是否缺养分，缺什么养分，缺多少，施用什么化肥，施多少，并以此为根据进行农田施肥的方法。

60. 测土配方施肥技术要点有哪些？

答案

　　测土配方施肥技术要点，概括来说，一是测土，即取土样测定土壤养分含量；二是配方，即经过对土壤的养分诊断，按照庄稼需要的营养"开出药方、按方配药"；三是合理施肥，就是在农业科技人员指导下科学施用配方肥。

测 土

配 方

合理施肥

61. 如何制定测土施肥方案？

答案

　　制定测土施肥方案，涉及资料收集、土壤肥力测试、肥效试验研究、数据统计、施肥技术指导、配方肥研制与应用等诸多方面，它是一个项目技术内涵深、牵涉面广的庞大系统工程。其主要环节有以下三个方面：一是田间土样采集，包括对样点代表性、采样深度、采样工具的选择等；二是土壤分析和测试结果的解释与评价，土壤分析可采用室内分析和野外土壤速测相结合的办法进行，分析项目以碱解氮、有效磷、速效钾、有机质和pH五项为主；三是提出施肥建议，即通过选择适合的估算农田施肥量的方法，并依此估算和提出施肥的品种、规格数量与方法等建议。

62. 什么是水肥一体化技术？

答案

　　水肥一体化技术是将灌溉与施肥融为一体的农业新技术，它借助压力灌溉系统，将可溶性固体肥料或液体肥料配兑而成的肥液与灌溉水一起，均匀、准确地输送到农作物根部土壤。采用灌溉施肥技术，可按照作物生长需求，进行全生育期需求设计，把水分和养分定量、定时，按比例直接提供给农作物。

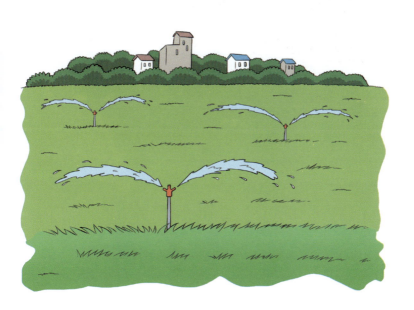

63. 水肥一体化技术有什么好处？

答案

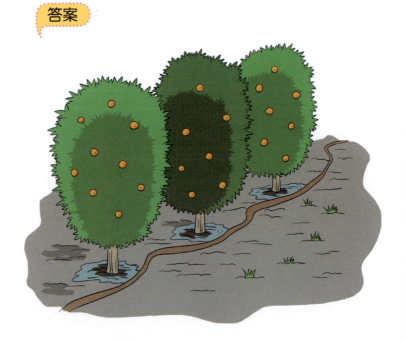

　　水肥一体化技术的好处主要有：一是省工，即通过管道施肥，可以大量节省施肥和灌水的人工；二是省肥，因其实现了平衡施肥和集中施肥，减少了肥料挥发和流失，以及由于养分过剩而造成的损失，具有施肥简便、供肥及时、作物易于吸收、提高肥料利用率等优点；三是节水，因其可减少水分的下渗和蒸发，提高水分利用率；四是省药，如滴灌只湿润根区土壤，其他地方保持干燥，可显著降低病害发生，减少杂草生长，因而能够减少农药和除草剂的使用；五是方便集约化栽培的水肥管理，有利于实现标准化栽培；六是可以开发较陡坡地的作物种植；七是利于根据作物的生长需要精确施肥；八是能降低肥料对环境的影响。

64. 什么是无公害农药？

答案

　　无公害农药是指用药量少，防治效果好，对人畜及各种有益生物毒性小或无毒，在外界环境中易于分解，不造成对环境及农产品污染的高效、低毒、低残留的农药。包括生物源农药（即直接利用生物活体或生物代谢过程中产生的具有生物活性的物质或从生物体提取的物质作为防治病、虫、草害和其他有害生物的农药，具体可分为植物源农药、动物源农药和微生物源农药，如B.T.、除虫菊素、烟碱大蒜素、性信息素、井冈霉素、农抗120、浏阳霉素、链霉素、多氧霉素、阿维菌素、芸薹素内酯、除螨素、生物碱等）、矿物源（无机）农药（即有效成分起源于矿物的无机化合物的农药，如硫酸铜、波尔多液、石硫合剂、磷化锌等）、有机合成农药（即毒性小、残留低、使用安全的有机合成农药，如氯氰菊酯、溴氰菊酯、乐果、敌敌畏、辛硫磷、多菌灵、百菌清、甲霜灵、粉锈宁、扑海因、甲硫菌灵、抗蚜威、禾草灵、禾草克、果尔、吡虫啉、蚜虱净、扑虱蚜、三唑锡、桃小灵、阿克泰等）等。

65. 什么是农药缓释技术？

答案

　　农药缓释技术是指以天然、可生物降解的高分子化合物作为缓释材料，将一些内吸性杀虫、杀菌剂或生长调节剂与其复合，加工成具有缓释性能的根用农药亚丸粒或颗粒剂，通过根部一次性隐蔽施药防治作物整个生育期（或一定生育期）的病虫害或协调生长的技术。其核心是使高分子化合物与农药互作，农药活性成分会按照预先设定的浓度和时间（根据病虫害防治的需要制定）持续而缓慢地释放到环境中，并能长时间地维持一定的浓度。

根部用药 缓慢释放

66. 用过的农药瓶、农药袋应该如何处置？

答案

　　由于乱丢废弃的农药瓶、农药袋会对生态环境产生危害和对人畜的生命安全产生威胁，因此要增强农民的安全用药意识，做到不胡乱丢弃废旧农药瓶、农药袋。一般来说，要将废弃农药瓶、农药袋送到统一设置的收储站点，以达到及时转运、集中销毁或回收处理的目的。

67. 喷洒农药时应该如何做好个人防护？

答案

　　喷洒农药时应注意个人防护，特别是喷洒毒性大的农药时必须穿戴防护服。这是因为我国目前农村仍大量使用背负式手动喷雾器，这种喷雾器的许多部位容易发生药液渗漏现象，特别是握柄、开关、药液箱盖等部位，泵筒顶部也容易发生冒液现象。此外，各部分的接口处也容易发生因垫圈损坏而漏液。这些渗液、漏液很容易接触身体。使用前，要仔细检查喷雾器械，确保不会发生药液渗漏。工作时，操作人员应从农田的上风头开始喷洒药液。在施药作业现场，必须准备肥皂和清水供清洗用。

68. 如何通过物理防治方法消灭害虫？

答案

物理防治是利用简单工具和各种物理因素，如光、热、电、温度、湿度和放射能、声波等防治病虫害的措施。如人工捕杀和清除病株、病部及使用简单工具诱杀、设障碍防除等，有费劳力、效率低、不易彻底等缺点；也常用人为升高或降低温、湿度的方法，如晒种、热水烫种或高温处理竹木及其制品等；利用昆虫趋光性灭虫自古就有。近年来杀虫灯和高压电网灭虫器，以及像黄板、蓝板等的应用也日趋广泛。同时，也有用仿声学原理和超声波防治虫害的。原子能治虫主要是用放射能直接杀灭病虫，或用放射能照射导致害虫不育等。随着近代科技的发展，物理学防治技术将会有较大发展前景。

69. 如何通过生物防治方法消灭害虫？

　　生物防治的特点是对人畜安全，无污染，不形成抗性。主要方法有：一是以虫治虫，即利用天敌昆虫防治害虫，按天敌昆虫取食的方式可以分为捕食性天敌和寄生性天敌两大类；二是以菌治虫，即利用害虫的病原微生物（真菌、细菌、病毒等）防治害虫，其中以细菌和真菌应用最广；三是利用其他有益动物防治害虫，如鸟类、蛙类及其他动物等，对控制害虫数量的发展有很大作用，像利用灰喜鹊吞食松毛虫，利用鸭子啄食水稻害虫，在收棉晒花时用鸡啄食棉红铃虫，利用啄木鸟防治林区害虫，蛙类捕食地面和稻田各种害虫等。

70. 如何通过间作套种进行农艺节药？

答案

　　把作物通过间作套种等形式合理搭配种植，可以控制或减轻某些病虫害的发生，从而减少农药的施用。一是麦棉套种，即通过小麦的屏障作用，不仅直接阻隔棉蚜迁入，而且使棉田温度比单作低1℃左右，再加上麦行天敌的作用，不用施药即可防治苗蚜；二是棉豆间作，即依靠间作田中绿豆发棵快及田间小气候，有利于天敌生存、繁衍，而豆蚜又是天敌的好食料，天敌量增加，棉花害虫减轻；三是棉田间种油菜，即在棉田每隔8～10行播种1行甘蓝型油菜，棉蚜发生后，油菜上的天敌自动向附近棉苗转移，可以有效控制或减轻棉蚜、棉铃虫的发生和危害；四是棉田间种玉米，即在棉田每隔10米穴播1行玉米，可以诱集棉铃虫、玉米螟产卵，从而减少棉苗上的落卵量；五是棉田间种高粱，即在棉花畦沟旁栽植少量高粱，可诱集蜘蛛、蚜茧蜂、食蚜蝇、瓢虫等天敌来抑制棉蚜、棉铃虫等害虫的发生和危害。

71. 农田土壤污染的主要途径有哪些？

答案

　　农田土壤污染的主要途径可分为天然污染源污染和人为污染源污染，主要包括污水灌溉、固体废弃物残留、农药和化肥施用、大气沉降物污染等途径。当土壤中含有害物质过多，超过土壤的自净能力，就会引起土壤的组成、结构和功能发生变化，土壤中的微生物活动受到抑制，有害物质或其分解产物在土壤中逐渐积累，通过"土壤—植物—人体"或"土壤—水—人体"间接被人体吸收，以至危害人体健康。

72. 农药会对农田土壤造成哪些影响？

答案

　　农药对农田土壤的影响主要有两个方面：一是农药对农田土壤理化性质的影响，即被农药长期污染的农田土壤会出现明显酸化，而且土壤养分（氮、磷、钾等）随污染程度的加重而减少，且土壤空隙度变小，从而造成土壤结构板结；二是农药对农田土壤生物的影响，由于农药的毒性及残留，对其他益虫、有益的动物也不心慈手软，对土壤中的微生物、原生动物，以及其他的节肢动物如步甲、虎甲、蚂蚁、蜘蛛，环节动物如蚯蚓，软体动物如蛞蝓，线形动物如线虫等，产生不同程度的危害，从而影响它们在土壤中的有益作用。

73. 化肥会对农田土壤造成哪些影响？

答案

　　化肥对农田土壤造成的影响：一是引起土壤酸度变化，如过磷酸钙、硫酸铵、氯化铵等都属生物酸性肥料，即植物吸收肥料中的养分离子后，土壤中氢离子增多，易造成土壤酸化。土壤酸化后会导致有毒物质的释放，或使有毒物质毒性增强，对生物体产生不良影响；土壤酸化还能溶解土壤中的一些营养物质，在降水和灌溉的作用下，向下渗透补给地下水，使得营养成分流失，造成土壤贫瘠化，影响作物的生长。二是导致土壤板结，肥力下降。化肥使用过多，大量的NH_4^+、K^+和土壤胶体吸附的Ca^{2+}、Mg^{2+}等阳离子发生交换，使土壤结构被破坏，导致土壤板结。大量施用化肥，造成土壤有机质下降，进而影响土壤微生物的生存，不仅破坏了土壤肥力结构，而且还降低了肥效。三是有害物质对土壤产生污染。制造化肥的矿物原料及化工原料中，含有多种重金属放射性物质和其他有害成分，随着施肥进入农田土壤造成污染。

74. 我国对高毒、高残留农药有哪些禁用和限用规定?

答案

国家明令禁止使用的农药有33种:甲胺磷,甲基对硫磷(甲基1605),对硫磷(1605),久效磷,磷胺,六六六,滴滴涕,毒杀芬,二溴氯丙烷,杀虫脒,二溴乙烷,除草醚,艾氏剂,狄氏剂,汞制剂,砷类,铅类,敌枯双,氟乙酰胺,甘氟,毒鼠强,氟乙酸钠,毒鼠硅,苯线磷,地虫硫磷,甲基硫环磷,磷化钙,磷化镁,磷化锌,硫线磷,蝇毒磷,治螟磷,特丁硫磷。

在蔬菜、果树、茶叶、中草药材上不得使用和限制使用的农药有17种(*禁止在蔬菜上使用):*甲拌磷(3911),*甲基异柳磷,*内吸磷,*克百威(呋喃丹),*涕灭威,*灭线磷,*硫环磷,*氯唑磷,水胺硫磷,*灭多威,硫丹,*溴甲烷,*氧乐果,三氯杀螨醇,氰戊菊酯,丁酰肼(比久),氟虫腈(锐劲特)。

按照《农药管理条例》的规定,任何农药产品都不得超出农药登记批准的使用范围。

75. 如何降低化肥和农药的残留量？

答案

　　为降低化肥的残留量，应依据当地土壤条件、气候环境、作物种类和肥料性质及利用率确定适宜的施肥量、肥料种类、施肥时期和相应的施肥技术；倡导使用复合肥料，使肥料中氮、磷、钾等成分比例适当；发展和施用微生物肥料，增施有机肥，改善土壤状况。为降低农药的残留量，应发展无公害农药，大力开发和推广使用对人、畜禽、作物和环境均无害的新型生物农药；停止呋喃丹、氧化乐果、甲胺磷，以及对硫磷等剧毒农药使用；研制和使用绿色农药,加强生物防治技术的开发研究，利用自然天敌防治虫害；在施用技术上,要采用科学、合理、安全的农药使用技术，要根据农药的特性和在农作物中的残留规律来科学施用。

76. "白色污染"指的是什么？

　　"白色污染"是因塑料用作包装材料多为白色而得名，是人们对难降解的塑料垃圾污染环境现象的一种形象称谓。它是指用聚苯乙烯、聚丙烯、聚氯乙烯等高分子化合物制成的各类生活、生产塑料制品使用后被弃置成为固体废物，由于随意乱丢乱扔，难于降解处理，以致造成环境严重污染的现象。

77. 农田里随意丢弃的废地膜、塑料袋对农作物和牲畜有影响吗？

答案

　　农田里随意丢弃的废地膜、塑料袋长期残留在土壤中，会影响农作物对水分、养分的吸收，抑制农作物的生长发育，造成农作物的减产。若牲畜吃了塑料膜（袋），会引起牲畜的消化道疾病，甚至死亡。

78. 在农业生产中为什么提倡使用可降解地膜？

答案

　　由于地膜的使用，有效地维护了土壤的温度和湿度，减少了水分和营养物质的流失，促进了农作物的高产和稳产，从而增加了农业生产效益。但与此同时，由于地膜的一次性使用，每年都会有大量的废弃地膜留在土壤里。这些地膜碎片可在土壤中形成阻隔层，使土壤中的水、气、肥等流动受阻，造成土壤板结，严重破坏生态环境。因此，解决废残地膜污染土壤问题已成为地膜覆盖栽培技术应用中的当务之急。为了解决这一问题，可降解地膜的研究应运而生。由于可降解地膜可通过自然界中的微生物的侵蚀或者利用太阳光氧化的作用而达到降解，从而避免塑料地膜对农田土壤的污染。因此，目前在农业生产中提倡使用可降解地膜。

可降解地膜就是好！

79. 什么是无公害农产品？

答案

　　无公害农产品是指产地环境符合无公害农产品的生态环境质量，生产过程符合规定的农产品质量标准和规范，有毒有害物质残留量控制在安全质量允许范围内，安全质量指标符合《无公害农产品（食品）标准》，经专门机构认定，许可使用无公害农产品标识的农、牧、渔产品（食用类，不包括深加工的食品）。

我们是无公害农产品！

80. 你认识无公害农产品的标志吗，它有什么寓意？

答案

　　无公害农产品标志图案由麦穗、对勾和无公害农产品字样组成，麦穗代表农产品，对勾表示合格，金色寓意成熟和丰收，绿色象征环保和安全。新版无公害农产品标识在标志图案下方增加了"农业部农产品质量安全中心"、"数码发短信至958878"以及"刮取数码查真伪"等字样。

81. 什么是绿色食品，您认识绿色食品的标志吗？

答案

　　绿色食品，是指产自优良生态环境、按照绿色食品标准生产、实行全程质量控制并获得绿色食品标志使用权的安全、优质食用农产品及相关产品。

　　绿色食品标志有特定图形，其由三部分构成：上方的太阳、下方的叶片和中心的蓓蕾，象征自然生态；颜色为绿色，象征着生命、农业、环保；图形为正圆形，寓意为保护和安全。

82. 生产绿色食品有什么技术要求？

答案

　　生产绿色食品的技术要求由绿色食品生产技术标准所规定。绿色食品生产技术标准是绿色食品标准体系的核心，它包括绿色食品生产资料使用准则和绿色食品生产技术操作规程两部分。绿色食品生产资料使用准则是对生产绿色食品过程中物质投入的一个原则性规定，它包括生产绿色食品的农药、肥料、食品添加剂、饲料添加剂、兽药和水产养殖药物的使用准则，对允许、限制和禁止使用的生产资料及其使用方法、使用剂量、使用次数和休药期等作出了明确规定。绿色食品生产技术操作规程是以上述准则为依据，按作物种类、畜牧种类和不同农业区域的生产特性分别制定的，用于指导绿色食品生产活动，包括农产品种植、畜禽饲养、水产养殖和食品加工等技术操作规程。

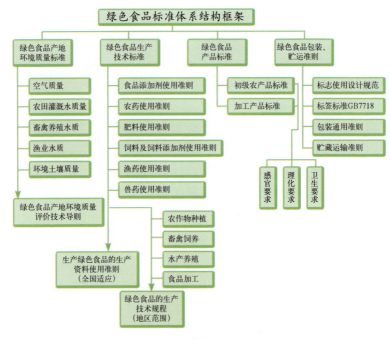

83. 什么是有机农业，什么是有机食品？

答案

　　所谓有机农业是指一种完全不用人工合成的农药、肥料、生长调节剂和畜禽饲料添加剂的农业生产体系。有机食品则是指根据有机农业和有机食品生产、加工标准而生产出来的经过有机食品颁证组织颁发给证书供人们食用的一切食品，包括蔬菜、水果、饮料、牛奶、调料、油料、蜂产品以及药物、酒类等。

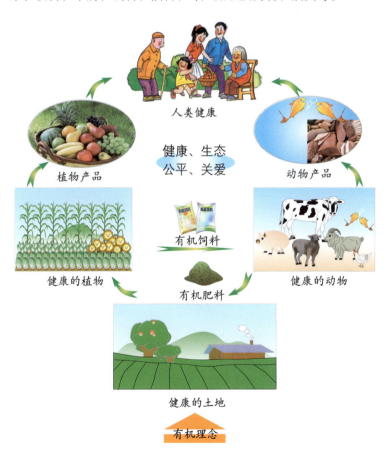

人类健康

健康、生态
公平、关爱

植物产品

动物产品

有机饲料

健康的植物

有机肥料

健康的动物

健康的土地

有机理念

84. 中国有机产品及转换产品认证标志的含义是什么?

答案

　　这两个标志图案主要由三部分组成，即外围的圆形、中间的种子图形及其周围的环形线条。

　　标志外围的圆形形似地球，象征和谐、安全，圆形中的"中国有机产品"和"中国有机转换产品"字样为中英文结合方式。既表示中国有机产品与世界同行，也有利于国内外消费者识别。

　　标志中间类似种子的图形代表生命萌发之际的勃勃生机，象征了有机产品是从种子开始的全过程认证，同时昭示出有机产品就如同刚刚萌生的种子，正在中国大地上茁壮成长。

　　种子图形周围圆润自如的线条象征环形的道路，与种子图形合并构成汉字"中"，体现出有机产品植根中国，有机之路越走越宽广。同时，处于平面的环形又是英文字母"C"的变体，种子形状也是英文字母"O"的变形，意为"China Organic"。

　　绿色代表环保、健康，表示有机产品给人类的生态环境带来完美与协调。橘红色代表旺盛的生命力，表示有机产品对可持续发展的作用。"中国有机转换产品"标志中的褐黄色代表肥沃的土地，表示有机产品在肥沃的土壤上不断发展。

中国有机产品标志

中国有机转换产品标志

第四章　休闲农园

85. 什么是休闲观光农业？

答案

　　休闲观光农业是指利用田园景观、自然生态及环境资源等通过规划设计和开发利用，结合农林牧渔生产、农业经营活动、农村文化及农家生活，提供人们休闲并增进城市居民对农业和农村体验为目的的农业经营形态；是结合生产、生活、生态与生命"四位一体"的农业发展形式；是区域农业与休闲旅游业有机融合并互生互化的一种促进农村经济发展的新业态。

86. 发展休闲观光农业能带来什么好处？

答案

　　发展休闲观光农业，一是可以充分有效地开发利用农业资源，调整和优化农业结构，促进农业和旅游业的合理结合，建立新的"农游合一"的农业发展模式；二是可以扩大旅游市场和农产品销售市场，同时还可以带动相关产业的发展，扩大劳动就业，增加经济收入，发展高效农业；三是可以保护和改善农业生态环境，塑造良好的乡村风貌，提高城市人的生活质量，达到休憩健身的目的；四是可以让游客了解农业生产活动，体验农家生活气息，享受农业成果，同时普及农业基本知识，促进城乡文化交流；五是可以开拓新的旅游空间和领域，使部分游客走进"农业"这一大世界，以减轻某些观光地人满为患的压力，缓解假日里城市旅游地过分拥挤的现象。

87. 休闲观光农业都有哪些功能特征？

答案

　　休闲观光农业的功能特征主要有：一是观赏性，即具有休闲观光功能的种植业、林业、牧业、渔业、副业，特别是那些千姿百态的农作物、林木和花草，使游人获得绿色植物形、色、味等多种美感和大自然意趣；二是休闲性，即利用某些作物种植或动物养殖，构成多种具有观光、休闲和娱乐性产品，可供人们欣赏和游玩；三是参与性，即让游人参与农业生产活动，使其在农业生产实践中，体验农业生产的乐趣，增长农业生产知识；四是文化性，即休闲观光农业主要是为那些不了解、不熟悉农业和农村的城市人服务的，因此其目标市场在城市，要着力吸引城市居民的参与与消费。

88. 休闲观光农业都有哪些类型？

答案

休闲观光农业的种类主要有：一是观光农园，即利用花园、果园、茶园和菜园等，为游客提供观光、采摘、赏花、购物及参与生产等活动，享受田

园乐趣；二是体验农园，即利用农业优美环境、田园景观、农业生产、农耕文化、农家生活等，为游客提供参与体验生态及文化等活动；三是科技农园，即以现代农业生产为主，发展设施农业、生态农业、无土农业、农技博览等项目，为游客提供观光、休闲、学习、体验等活动；四是生态农园，即以农业生态保护为目的兼具教育功能而发展的休闲农业形态，如有机农园、绿色农园等，为游客提供生态休闲、生态教育、生态餐饮等活动；五是休闲渔园，即利用水面资源发展水产养殖，为游客提供垂钓、观赏、餐饮等活动；六是市民农园，即农民把土地分成若干小块（一般以一分地为宜）出租给城里市民，根据市民要求，由农园人员负责日常管理，节假日承租者去参与农业生产活动的形式；七是农业公园，也称观光田园，即利用农业环境，营造农业景观，设立农业功能区，为游客提供观光、游览、休闲、娱乐等活动。

89. 休闲观光农业与传统农业相比有什么不同？

答案

　　传统农业是基础产业，但更是弱质产业，仅为工业和人们提供原材料和食品，利润薄、附加值低、发展的效益空间有限。休闲观光农业打破了一、二、三产业的界限，延伸和拓展了农业的功能，将三次产业有机融合，使其成为综合性很强的新兴产业。它除了直接促进农业发展外，还带动了农产品加工、商贸、交通、饮食服务等相关行业的发展，在推动地方特色产业发展、吸纳农村富余劳动力就业、促进农产品生产和销售、增加农民收入上作用明显，为农村经济开辟了新的增长点。

90. 休闲观光农家游的六要素是什么？

答案

　　休闲观光农家游，实际上也属于"旅游"的范畴，其六要素就是：吃、住、行、游、购、娱。一说"吃"，这是首要的，只有吃得好，才能游得好，所以一定要做到让客人能吃饱、吃好、吃干净；二说"住"，不一定太贵、太豪华就是好，因为游客出来主要是旅游，而不是睡觉，所以干净、舒适即可；三说"行"，要吸引游客来游览，就首先要保证该处能进得去、出

得来；四说"游"，这是核心，一定要让游客有兴致，并使之领略到更多新奇、乐趣和知识；五说"购"，异地他乡购物贵在奇特、新鲜，也应该是游客的乐趣之一，要设法满足；六说"娱"，其乃人之常情，要积极创造条件，让娱乐成为游客流连忘返你处的"兴奋剂"。

91. 什么是农家乐？

　　农家乐是一种新兴的旅游休闲形式，是农户利用其周围美丽的自然景色或田园风光，以及具有传统风味的菜肴等，向城市居民提供回归自然从而获得身心放松、愉悦精神的休闲旅游方式。

92. 什么是农田观光？

答案

　　农田观光是指利用农田的地形地貌以及其上所种植的具有一定色彩的庄稼所形成的美景或游乐条件吸引游客观赏或游玩的一种休闲农业与乡村旅游项目。如油菜花海、葵花海、梯田、作物迷宫等。

向日葵

93. 如何使观光农田更吸引游客？

答案

　　要使观光农田更能吸引游客，首先要精心设计并增加观光农田的美感，对游客产生强烈的吸引力；其次要不断出新并强化新奇感，使游客常来常新；三要按照旅游的客观要求在农田中增加辅助设施，让游客方便观赏和游览；四要善于营销，不断激发游客的好奇心。

94. 什么是田园超市？

答案

　　"田园超市"是近年来在城市近郊及一些经济发达地区发展起来的新型农业经营模式，是指农民将自己的种养殖向城市居民开放，让城市居民实际走进田园或通过田园实时视频选（订）购农产品的一种直销方式。

95. 什么是农耕文化？

答案

　　农耕文化是农民在长期的农业生产中形成的一种生产、生活方式和民风民俗，并具有独特的内容和特征，它包括农耕物质文化和农耕精神文化。农耕物质文化包括观赏作物、耕作制度、耕作技术、生产工具，以及青山绿水、田园风光等生产方式和物质形态；农耕精神文化包括民俗礼仪、农耕谚语、农事节日、农耕娱乐，以及反映农业生产的精神层面的东西。将当地农村的农耕文化资源有机整合，就能推动休闲观光农业的发展。

96. 什么是创意农业？

答案

创意农业是指利用农村的生产、生活、生态资源，发挥文化、艺术、知识创意、创新构思的作用，研发设计出具有高文化品位、高知识化、高赢利性的农产品或体现农村生活、生态的创意娱乐活动的农业生产经营方式。创意农业以市场为导向，将农业

的产前、产中和产后诸环节连接为完整的产业链条，使其产生更高的附加值，以实现资源优化配置。

97. 创意农业都有哪些基本特征？

归纳起来，创意农业应该具有以下显著特征：一是以农业为主要创意对象，即创意农业以农业的产前、产中、产后全过程的投入品（技术、品种及物资等）、生产过程及产出品为主要创意对象；二是富含创造力，即创意是一种智力劳动，因此创意农业产品凝聚着人的创造力；三是文化附加值高，即创意农业的重点在文化，将单纯的农业生产与农耕文化结合起来，将农产品与文化开发结合起来，给农产品和农业生产过程赋予文化内涵，给人以超越物质的精神享受；四是与三产高度结合，即创意农业产品直接面对消费者，其产品已超出农产品作为生存物质的特性，而是具有了一种精神和文化需求的特性，更具有三产产品的特性，即满足或丰富了人们的精神需求。

98. 创意农业有哪些类型？

答案

　　创意农业的类型主要有：一是规划设计型，其包括两种情况，一种是农业发展或农业产业（项目）规划，即在现有基础上，对未来进行设计的一种创新活动，它在整体上就是一个创意产品；另一种是农业园设计，即不管是以科技展示为主题的农业科技园，还是以观光休闲为主题的农业观光园，都是创意农业设计最集中的地方。为吸引游客，农业园的设计要富有特色，具有唯一性，首先在整体景观设计上要突出与众不同。二是废弃物利用型，即将农业或生活的废弃物，通过巧妙的构思，制作成实用品或工艺品。三是用途转化型，即改变某种农产品的常规用途，赋予其新的创意，如将长在田间可供食用的果树或蔬菜微型化，做成观食两用的盆果、盆菜等。四是文化开发型，即对农业生产过程及农产品通过文化融入，开发出形态、用途等不同的产品，如变形瓜果、刻（印）字瓜果等。

99. 由传统农业向休闲观光农业转型时需要着重加强哪些方面的管理？

答案

　　因为人的因素是第一位的，因此由传统农业向休闲观光农业转型时，"人"的使用与管理是最为重要的一个方面。一般来说，经营管理休闲观光农业者大都是农民，他们对农业熟悉、对土地有感情，只要进行适当的心理调整，就完全能做好旅游观光服务工作；具有丰富农作经验的农民当解说员，作参与活动的指导员最为合适。当然也要抓好教育培训，提高其服务质量和水平，主要包括加强乡土文化知识的培训、规范化和标准化服务技能的培训、民俗风情挖掘的专业培训等。此外，还要加强管理，特别是加强安全管理、卫生管理和日常管理等，以提高休闲观光农业的生产经营水平。

100. 休闲观光农业提档升级的途径有哪些?

答案

　　为使休闲观光农业不断对游客产生吸引力,势必要对其进行提档升级。提档升级的途径主要有:一是景观升级,即对乡村景观进行挖掘和改造,强化对游客的吸引作用;二是产品升级,即开发有品位的休闲旅游产品,以丰富游客的旅游和消费需求;三是文化升级,即挖掘农耕文化和村落文化的内涵,为休闲观光农业增加厚度;四是规模升级,即通过进一步发展旅游项目和提高旅游接待能力,以提升休闲观光农业的经济效益和社会效益;五是组织升级,即通过发展旅游合作社、"旅行社+旅游合作社+农户"等形式,提升休闲观光农业的经营效率;六是营销升级,即通过运用互联网等现代手段,加快信息传播速度和扩大信息传播范围,提升休闲观光农业的知名度和影响率。

图书在版编目（CIP）数据

美丽乡村100问／中国农学会组编．－北京：中国农业
出版社，2014.5（2016.8重印）
（农村妇女科学素质提升行动科普丛书）
ISBN 978−7−109−19068−9

Ⅰ．①美… Ⅱ．①中… Ⅲ．①农村－社会主义建设－
中国－问题解答 Ⅳ．① F320.3−44

中国版本图书馆 CIP 数据核字（2014）第 070129 号

中国农业出版社出版
（北京市朝阳区农展馆北路 2 号）
（邮政编码 100125）
责任编辑 孟令洋

中国农业出版社印刷厂印刷 新华书店北京发行所发行
2014 年 6 月北京第 1 版 2016 年 8 月北京第 9 次印刷

开本：889mm×1194mm 1/32 印张：3.5
字数：120 千字
定价：20.00 元
（凡本版图书出现印刷、装订错误，请向出版社发行部调换）